بِسْمِ اللهِ الرَّحْمٰنِ الرَّحِيْمِ

আল্লাহর নামে, পরম দয়ালু, অতি দয়াময়

এই বইটি একটি বিশেষ উপহার
আল্লাহর পক্ষ থেকে একটি বিশেষ শিশুর জন্য।

এটি যেন তোমাকে তাঁর ভালোবাসা,
রহমত ও নূরের আরও কাছে নিয়ে যায়

I0555357

© 2025 The Sincere Seeker Collection
সমস্ত অধিকার সংরক্ষিত।

শিক্ষামূলক বা অ-বাণিজ্যিক উদ্দেশ্যে
এই বই ব্যবহারের অনুমতি দেওয়া হলো,
যতক্ষণ না এর লেখা, চিত্র বা নকশায়
কোনো পরিবর্তন করা হয়।

মহান সৃষ্টিকর্তা আল্লাহ তাআলার পরিচয় জান

আল্লাহর পরিচয় সম্পর্কে শিশুতোষ বই

The Sincere Seeker Collection

আল্লাহ্ ﷻ এক এবং অদ্বতিীয়।
তনিি আমাদরে দয়ালু সৃষ্টকির্তা, যনিি তে◌োমাকে,
আমাকে,
এবং আমরা যা কছিু দখে—সবকছিু সৃষ্টি করছেনে।

প্রতদিনি আল্লাহ্ ﷻ আমাদরে যত্ন ননে—
তনিি আমাদরে সুস্বাদু খাবার দনে, আরামদায়ক বছিানা
দনে,
এবং আমাদরে নরিাপদ রাখনে।

আল্লাহ্ ﷻ সব কছিুর ঊর্ধ্বে,
এবং সর্বদা ভালে◌োবাসা দয়িে আমাদরে দকিে তাকান।

আল্লাহ্ ﷻ বিশাল গ্রহ সৃষ্টি করেছেন, আর ছোট ছোট গ্রহও।

তিনি পৃথিবীকে সৃষ্টি করেছেন আমাদের সুন্দর ঘর হিসেবে।

রাতে, তারারা জ্বলজ্বল করে আকাশকে আলোকিত করে।

আল্লাহ্ ﷻ মহাবিশ্ব সৃষ্টি করেছেন যেন আমরা বিস্ময়ে তা দেখি।

আল্লাহ্ ﷻ পূর্ণচাঁদ সৃষ্টি করেছেন রাতে আলো ছড়ানোর জন্য।

তিনি নরম মেঘ সৃষ্টি করেন যেগুলো শান্তভাবে আমাদের ওপর ভেসে থাকে।

তিনি বৃষ্টি নামান যাতে গাছপালা বেড়ে ওঠে এবং পৃথিবী পরিষ্কার হয়।

তিনি বাতাস পাঠান চারদিকে
এবং সূর্যের উষ্ণতা দেন যাতে সবকিছু বিকশিত হয়।

আল্লাহ্‌ ﷻ ঠান্ডা এবং গরম পানি সৃষ্টি করেছেন।
তিনি প্রবাহমান নদী সৃষ্টি করেছেন, ঢেউ ওঠা বিশাল
সমুদ্র,

এবং গভীর সাগর সৃষ্টি করেছেন
যেখানে আশ্চর্য প্রাণীরা লুকিয়ে থাকে।

তিনি ঢেউকে ওঠানামা করান–
কখনো মৃদু, কখনো প্রবল।

আল্লাহ্‌ ﷻ আকাশছোঁয়া উঁচু পাহাড় সৃষ্টি করেছেন
যা আকাশের দিকে উঠে গেছে।

তিনি সূর্যের আলোয় ঝলমল করা
ছোট ছোট বরফঢাকা টিলাও সৃষ্টি করেছেন।

প্রতিটি পাহাড় দেখায়
তাঁর শক্তি ও সৌন্দর্য।

আল্লাহ্‌ ﷻ কলা ও কমলালেবুর গাছ সৃষ্টি করেছেন
সুস্বাদু ফলসহ।

তিনি পৃথিবীকে সাজিয়েছেন
রঙিন ফুল দিয়ে আর মিষ্টি সুবাস দিয়ে।

কিছু ফুল বাগানে ফোটে;
আর কিছু মাঠে-ঘাটে নিজে থেকেই জন্মায়।

প্রতিটি ফুলই আল্লাহ্‌ ﷻ-এর পক্ষ থেকে
একটি বিশেষ উপহার—যাতে আমাদের আনন্দ হয়।

আল্লাহ্ ﷻ আমাদের পরিবার দিয়েছেন
যাতে আমরা একে অপরকে ভালোবাসি এবং যত্ন করি।

মা-বাবা আমাদের রক্ষা করেন,
আর স্নেহময় ভাই-বোনেরা একসঙ্গে খেলে এবং
ভাগাভাগি করে।

পরিবার হলো একটি বিশেষ উপহার।

الله

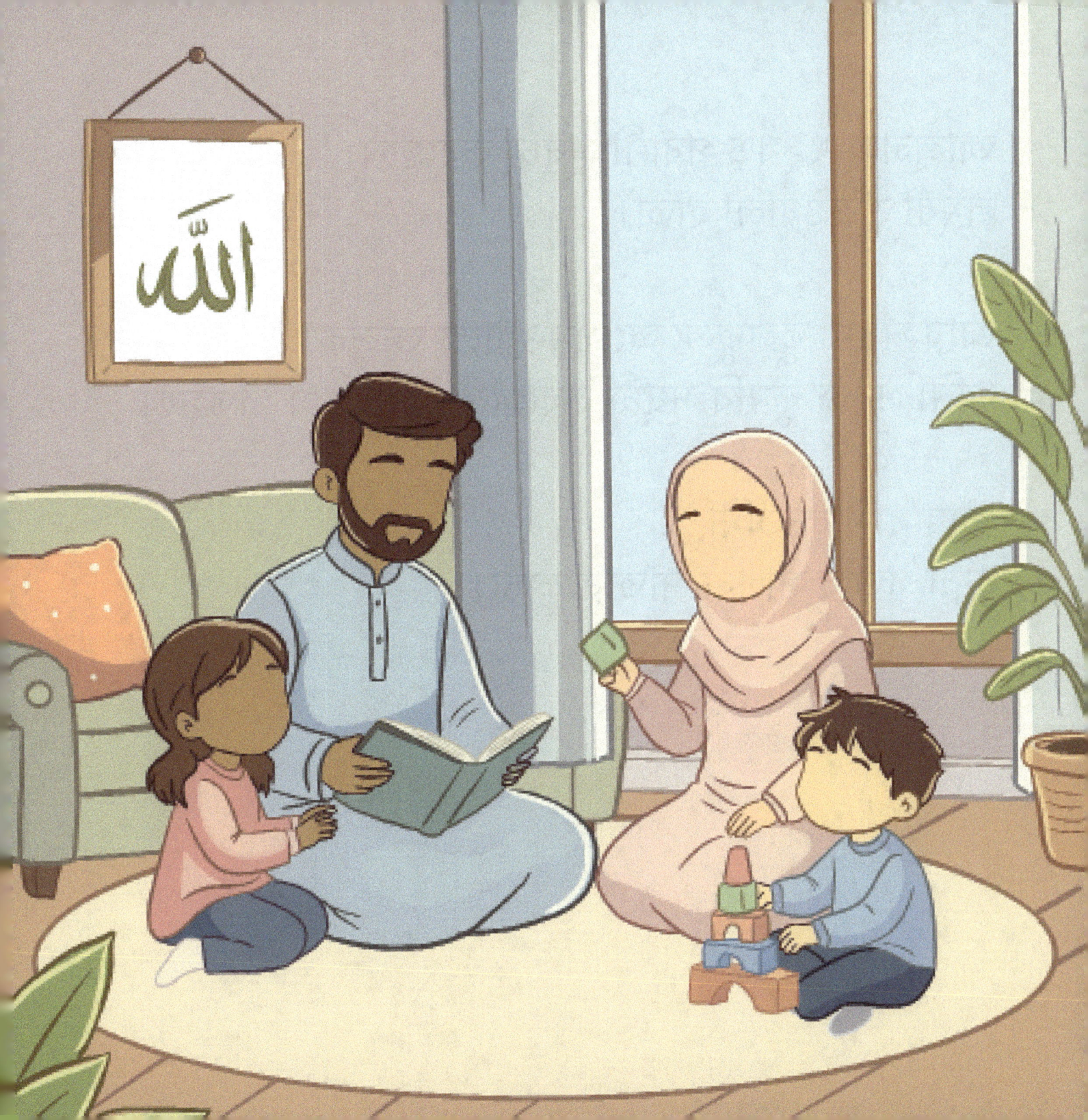

আল্লাহ্‌ ﷻ বড় প্রাণী সৃষ্টি করেছেন।
লম্বা শুঁড়ওয়ালা হাতি।

আর নরম, তুলতুলে লোমওয়ালা ভালুক।
তিনি সবুজ কুমির সৃষ্টি করেছেন ধারালো দাঁতসহ।

আর বিশাল তিমি,
যারা গভীর সাগরে সাঁতার কাটে।

আল্লাহ্ ﷻ ছোট প্রাণীও সৃষ্টি করেছেন।
যেমন ছোট্ট লাল গুবরে পোকা।

আর গুনগুন করা মৌমাছি।
তিনি পিঁপড়া, ফড়িং, আর প্রজাপতি সৃষ্টি করেছেন
যারা বাতাসে ডানা ঝাপটায়,

আর ড্রাগনফ্লাই,
যারা দ্রুত আকাশে উড়ে যায়।

প্রতিটি প্রাণীই আল্লাহ্ ﷻ-এর
বিস্ময়কর সৃষ্টিশীলতা দেখায়!

আল্লাহ্ ﷻ আমাদের দেন স্বাস্থ্যকর খাবার ও পানীয়
যাতে আমরা শক্তিশালী হয়ে বড় হতে পারি।

আমাদের আছে তাজা রুটি, মিষ্টি আঙুর,
রসালো আপেল, আর সোনালি মধু।

আর আছে হলুদ চিজ, মসৃণ দুধ,
এবং সুস্বাদু মুরগিও!

প্রতিটি কণা আর প্রতিটি চুমুক
আল্লাহ্ ﷻ-এর পক্ষ থেকে একেকটি নিয়ামত।

ধন্যবাদ, আল্লাহ্ ﷻ,
সব সুস্বাদু খাবারের জন্য যা আপনি আমাদের দেন!

আল্লাহ্‌ ﷻ আমাদের জীবন দিয়েছেন
এবং আরও অনেক নিয়ামতও!

একটি আরামদায়ক বাড়ি,
আর একটি গাড়ি যা আমাদের মজার ভ্রমণে নিয়ে যায়।

দুটি হাত—কাজ করার জন্য,
দুটি চোখ—দেখার জন্য,
এবং দুটি কান—শোনার জন্য।

আর হৃদয়,
যা ভালোবাসায় ধুকধুক করে।

ধন্যবাদ, আল্লাহ্‌ ﷻ,
এত সুন্দর সব নিয়ামতের জন্য!

আল্লাহ্ ﷻ সবকিছু দেখেন এবং শোনেন,
এমনকি আমাদের সবচেয়ে নীরব চিন্তাও।

তিনি জানেন আমাদের হৃদয়ে কী আছে
এবং আমরা ভিতরে ভিতরে কী অনুভব করি।

তিনি লক্ষ্য করেন আমাদের আনন্দময় চিন্তা
এবং আমাদের সদয় কাজ।

আল্লাহ্ ﷻ সর্বদা যত্ন ও ভালোবাসা দিয়ে
আমাদের দেখাশোনা করেন।

আল্লাহ্ ﷻ আমাদের ভালোবাসেন
যা আমরা কল্পনাও করতে পারি না!

তাঁর ভালোবাসা সমুদ্রের চেয়েও গভীর,
আর সূর্যের চেয়েও উজ্জ্বল।

তিনি আমাদের যত্ন নেন
যখন আমরা হাসি বা কাঁদি,
যখন আমরা খেলি বা ইবাদত করি।

চলো, আমরা আমাদের ভালোবাসা দেখাই
আল্লাহ্ ﷻ-কে স্মরণ করে,
তাঁর কাছে ইবাদত করে,
আর ভালো কাজ করে!

সব ভালো আসে আল্লাহ্ ﷻ-এর কাছ থেকে।
তিনি আসমান ও জমিনের আলো।

আল্লাহ্ ﷻ তাঁর আলো দিয়ে আমাদের পথ দেখান,
আর আমাদের হৃদয়কে সাহায্য করেন
সঠিক পথ বেছে নিতে।

যখন আমরা ভালো কাজ করি,
আমাদের হৃদয়ও আলোয় ঝলমল করে।

আমরা আল্লাহ্‌ ﷻ-এর কাছে ইবাদত করি
কারণ তিনিই আমাদের সৃষ্টি করেছেন
এবং আমাদের খুব ভালোবাসেন।

আমরাও তাঁকে ভালোবাসি।

যখন আমরা সাহায্য চাই,
আল্লাহ্‌ ﷻ আমাদের শোনেন
এবং সবচেয়ে উত্তমভাবে জবাব দেন।

আমরা যে কোনো সময়
আল্লাহ্‌ ﷻ-এর সঙ্গে কথা বলতে পারি—
আনন্দের সময় এবং দুঃখের সময়।

আল্লাহ্‌ ﷻ সবসময় কাছে
এবং সবসময় শুনছেন।

আল্লাহ ﷻ জান্নাতের প্রতিশ্রুতি দেন
তাদের জন্য, যারা তাঁর ওপর ঈমান আনে
এবং সৎকাজ করে—

একটি আনন্দের স্থান
যেখানে স্বপ্নগুলো সত্যি হয়।

সেখানে থাকবে
মিষ্টি মধু আর দুধের নদী।

বাগান ভরে যাবে এমন ফলে
যা কখনো ঝরে যাবে না।

থাকবে সুস্বাদু ফল,
সুন্দর পোশাক,
আর অনন্ত সুখ।

চলো, আমরা আল্লাহ ﷻ-কে ভালোবাসি,
ভালো কাজ করি,
এবং সর্বোচ্চ চেষ্টা করি—

যাতে একদিন জান্নাতে
তাঁর সান্নিধ্যে থাকতে পারি!

The End

এই যাত্রা যেন তোমাকে আরও কাছে নিয়ে যায়
আল্লাহ ﷻ-এর অসীম ভালোবাসা ও প্রজ্ঞার দিকে।

www.ingramcontent.com/pod-product-compliance
Lightning Source LLC
Chambersburg PA
CBHW081307140626
46546CB00022B/3459
9781961711112